LETTRE

D'UN PROTESTANT

A UN CATHOLIQUE ROMAIN.

LETTRE
D'UN PROTESTANT

A UN

CATHOLIQUE ROMAIN,

EN RÉPONSE AUX SOLLICITATIONS QUE CE DERNIER LUI AVAIT FAITES POUR CHANGER DE RELIGION.

A GENÈVE,

CHEZ M.me SUZANNE GUERS, LIBRAIRE, A LA CITÉ.

1826.

LETTRE

D'UN PROTESTANT

A UN

CATHOLIQUE ROMAIN.

MONSIEUR,

Si je n'ai pas répondu à vos premières lettres, relatives aux controverses qui séparent nos Eglises, c'est que je ne supposais pas qu'elles eussent pour but de me faire renoncer à la mienne pour entrer dans la vôtre ; mais l'envoi que m'a fait un Grand-Vicaire me montre clairement vos intentions. Comme je les crois fondées sur le vif intérêt que vous prenez à mon salut, je ne veux pas renvoyer plus loin de vous en remercier, en vous faisant part des motifs qui, en m'attachant invinciblement à la religion Réformée, rendent absolument inutiles tous vos efforts pour m'engager à m'en séparer.

Et d'abord, rien ne me prouve que l'Eglise Romaine soit seule en possession de la vérité ; au contraire, je trouve que cette Eglise, en une multitude de points essentiels, est en contradiction manifeste avec l'Evangile de Christ, que je regarde comme devant être la seule règle de ma foi et de mes mœurs.

1.° Vous défendez au peuple la lecture de l'Ecriture-Sainte, et il est dit : *Examinez avec soin les Ecritures, puisque vous croyez d'obtenir par elles la vie éternelle :* ce sont elles qui rendent témoignage de moi (1).

L'Ecriture-Sainte était originairement écrite en langue vulgaire, et elle était entre les mains de tout le monde. Dieu avait ordonné positivement la lecture de la Loi au peuple ; il voulait qu'on l'enseignât avec soin aux enfans (2), et les Apôtres, en adressant leurs Epîtres à des Eglises entières, montraient par là le droit que tous les membres avaient de les lire.

Vous prétendez que le peuple ignorant peut abuser de l'Ecriture-Sainte : mais quand cela serait, l'abus d'une chose fait-il perdre les avantages et le droit d'en user ? voulez-vous donc être plus sage que Dieu ? et l'expérience ne prouve-t-elle pas contre vous ? Ce n'est pas, en effet, de ce que le peuple ignorant lit l'Ecriture-Sainte, que viennent les hérésies et les erreurs en matière de religion ; mais plutôt de l'orgueil de ceux qui veulent l'interpréter à leur gré ; de là ce mot du Sauveur aux Sadducéens: *Vous errez, parce que vous ne connaissez pas les Ecritures.*

2.° Votre Eglise exige du peuple une soumission aveugle en matière de religion ; et saint Paul écri-

<hr>

(1) Jean, chap. V, v. 39.　　(2) Deuteronome, VI, 6.

vait aux Thessaloniciens : *Examinez toutes choses et retenez ce qui est bon* (1) ; et aux Corinthiens : *Je vous parle comme à des personnes intelligentes ; jugez vous-mêmes de ce que je dis* (2).

3.° Vous trouvez que l'Ecriture-Sainte est insuffisante pour l'instruction du peuple : qui vous a ainsi donné le droit d'injurier la Divinité ? Car n'est-ce pas le faire que de prétendre que cet Evangile, qu'Elle nous a donné par Jésus-Christ, est insuffisant pour remplir son but, et qu'il a besoin de vos commentaires ? Non, Dieu n'a pas fait les choses à demi, et ne vous a pas laissé le soin de les achever ; n'a-t-il pas dit, au contraire, par saint Paul : *Toute l'Ecriture a été divinement inspirée ; elle est utile à enseigner, à convaincre, à corriger, et à instruire des devoirs de la justice, afin que l'homme de Dieu soit accompli, ayant tout ce qu'il faut pour toutes sortes de bonnes œuvres* (3). Et Jésus-Christ ne condamnait-il pas les traditions, c'est-à-dire, les ordonnances d'hommes ajoutées à celles de Dieu, quand il disait : *C'est en vain qu'ils m'honorent en enseignant des choses qui ne sont que des commandemens d'hommes* (4).

4.° Vous attribuez au Pape une autorité infaillible sur l'Eglise universelle. Or, lisez saint Paul : *Dieu dit-il, a donné Jésus-Christ pour chef à l'Eglise*

(1) Thess. chap. V, v. 21.   (3) 2 Tim. ch. III, v. 16.
(2) Cor. chap. X, v. 15.   (4) Matth. XV, v. 9.

qui est son corps (1) ; lisez saint Pierre lui-même, il se gardoit bien de s'attribuer aucune prééminence sur les autres Apôtres : *Je vous prie*, leur disait-il, *paissez le troupeau de Dieu, sans vouloir dominer sur les héritages du Seigneur. Je prie les pasteurs qui sont parmi vous, moi qui suis pasteur comme eux, de paître le troupeau de Dieu* (2). Et cependant, quelle domination plus oppressive que celle des Papes ! et que penser de leur puissance temporelle, de leur faste, des vices de plusieurs, de leurs diverses attributions toutes contraires à l'esprit comme à la lettre de l'Evangile ? Que penser en particulier de leur trafic honteux et pernicieux des indulgences ? Ne suffit-il pas enfin, pour connaître l'origine et le peu de fondement de l'autorité spirituelle des Papes, de consulter l'histoire ?

C'est seulement depuis le Ve siècle que le titre d'évêque universel se trouve dans l'histoire de l'Eglise ; et même, depuis cette époque jusqu'au VIIe siècle, il fut donné indistinctement, par des patriarches et des conciles, à divers évêques, mais plus particulièrement à ceux de Rome et de Constantinople, ne signifiant alors autre chose qu'évêque ou inspecteur-général du diocèse.

Sur la fin du VIe siècle, l'évêque de Constantinople paraissant à celui de Rome vouloir abuser de ce titre pour étendre son autorité sur l'Eglise en général, ce dernier (Grégoire Ier, surnommé le Grand, que l'Eglise Romaine a mis au rang des saints)

____

(1) Ephes. I., v. 22.　　　(2) Ire Epître, V, v. 2.

s'éleva fortement contre une telle dénomination, dont on pouvait faire un coupable et dangereux abus. Tout en revendiquant pour l'Eglise de Rome la primauté de dignité, il rejette celle d'autorité sur les autres Eglises, et va jusqu'à refuser le titre d'*Evêque universel*, qu'un Patriarche lui a donné à lui-même. Il appelle ce titre, *un orgueil nouveau, une tentation de domination tyrannique, un venin dans l'Eglise, et un attribut de l'Ante-Christ* ; mais l'an 606, d'après une autorisation de l'empereur Phocas, le Pape Boniface III obtint, pour lui et ses successeurs, le titre exclusif d'Evêque Œcuménique ou Universel, et pour le siége de Rome, le titre de chef de toutes les Eglises.

5.º Vous priez les Saints pour qu'ils intereèdent pour vous auprès de Dieu, et saint Paul dit : *Il n'y a qu'un seul Médiateur entre Dieu et les hommes, savoir : JÉSUS-CHRIST* (1).

6.º Vous adressez des prières et un culte aux Saints, à la Vierge, aux Anges, aux images ! mais n'est-ce pas se rendre coupable d'idolâtrie, puisque c'est mettre la créature à la place du Créateur ? Et, que sont d'ailleurs la plupart des Saints qu'on honore ? des hommes qui n'ont été rien moins que des Saints ; et ne sait-on pas les motifs qui firent souvent canoniser un Souverain ou un Pape ? Cependant l'Ecriture dit : *Vous adorerez le Seigneur votre Dieu, et vous le servirez lui seul* (2). *Que personne,*

(1) Tim. II, v. 5.   (2) Matth. IV, v. 10.

dit saint Paul (1), *sous aucun prétexte ne vous engage à rendre un culte aux Anges.* Rappelez-vous ce trait cité dans les Actes des Apôtres (2) : « Comme Pierre était prêt à entrer, Corneille alla au-devant de lui, et se jetant à ses pieds, l'adora : mais Pierre le releva et lui dit : *Levez-vous, je ne suis qu'un homme tel que vous.* Est-ce là que les Papes ont trouvé qu'il fallait qu'on leur rendît des honneurs presque divins ?

Par le culte que vous rendez aux images, vous détournez les hommes de celui qu'ils doivent à la Divinité. On est tellement occupé des images pendant ce culte, qu'elles sont souvent mieux servies que le Créateur ; une partie du peuple borne là son attention, et devient idolâtre sans s'en apercevoir. *A quoi sert,* disait un Prophète, *l'image taillée ? ce n'est qu'un ouvrage de fonte et un docteur de mensonge ;* et le second commandement, que vous supprimez parce qu'il vous condamne, n'interdit-il pas positivement le culte des images ?

7.° Vous célébrez le service divin en grande partie en latin ; est-ce en observation de ce passage de S. Paul : *J'aimerais mieux ne dire dans l'Eglise que cinq paroles, en me faisant entendre pour instruire les autres, que d'en dire* 10,000 *dans une langue qu'on n'entendrait pas* (3). Si dans le commencement de l'Eglise, le service divin se faisait en latin, c'est que dans le premier siècle tout le peuple de Rome

(1) St. Paul, Col. II, v. 18.   (3) I Cor., XIV, v. 6.
(2) Actes, chap. X, v. 25 et 26.

entendait cette langue ; mais dès qu'elle est devenue hors d'usage, c'est un abus de la garder dans le culte.

A quoi bon encore ces pratiques minutieuses, cette multitude de cérémonies dont vous surchargez le culte divin? A quoi bon ces fêtes qui reviennent si souvent, qui détournent le peuple du travail, et qu'on célèbre quelquefois plus religieusement que le jour même du Seigneur? A quoi bon ces pélerinages auxquels on attache tant de prix? comme si on ne pouvait pas adorer et servir Dieu en tout lieu, pourvu qu'on élève à lui des mains pures.

8.° Vous obligez vos ecclésiastiques à vivre dans le célibat ; mais, sous ce rapport, n'êtes-vous pas en opposition manifeste avec l'Écriture-Sainte, qui, sans faire une restriction particulière pour les ecclésiastiques, nous dit : *Que le mariage et le lit sans tache sont honorables pour tous les hommes* (1). Si les Apôtres vivaient dans le célibat, que signifiait cette exclamation de saint Paul : *N'avons-nous pas le droit de mener avec nous une sœur qui soit notre femme, ainsi que les autres Apôtres, les frères du Seigneur et Céphas* (2)? Si l'évêque faisoit autrefois vœu de chasteté, pourquoi l'Apôtre lui donnait-il ce commandement : *Il faut que l'Évêque soit mari d'une seule femme, qu'il gouverne bien sa propre maison, qu'il maintienne ses enfans dans l'honnêteté* (3). Si quelquefois saint Paul (4) semble exalter le célibat, ce n'est pas plus pour les ecclésiastiques que pour les

(1) Heb. XIII, 4.
(2) I Cor. IX, 5.
(3) I Tim. III, 2.
(4) I Cor. VII.

autres : *c'est nous*, dit-il, *parce que les temps sont mauvais*, c'est-à-dire, parce que les fidèles étaient alors exposés aux plus affreuses persécutions, et que le Chrétien qui n'avait à craindre que pour lui-même, pouvait affronter avec plus de calme les supplices qui le menaçaient. Et même saint Paul a soin de remarquer que, si dans les circonstances douloureuses où se trouvait l'Eglise, il était avantageux au Chrétien de ne pas s'engager dans les liens du mariage, cet avantage ne devait point retenir ceux que leurs passions auraient pu exposer à des actions ou même à des pensées impures. *Il vaut mieux se marier*, disait-il, *que de brûler* (1). Et dites-moi, je vous prie, si on eut observé ce précepte de l'Apôtre, que de scandales, que de crimes n'aurait-on pas évité dans le clergé! Aussi, quand je recherche quelles ont pu être les causes du célibat imposé à vos prêtres, il m'est impossible d'en voir une autre que le désir qu'ont eu leurs chefs de trouver en eux une milice qui ne contredirait jamais leurs prétentions, puisqu'elle se composerait d'hommes étrangers aux intérêts de la société. Saint Paul ne semble-t-il pas annoncer clairement dans quels abus on tomberait un jour à cet égard, lorsqu'il dit : *L'esprit dit expressément qu'aux derniers temps quelques-uns abandonneront la foi, s'attachant à des esprits séducteurs;....... il se laisseront séduire par l'hypocrisie des docteurs de mensonge, et dont la conscience sera cautérisée; qui défendront de se marier, et qui ordonneront de s'abstenir d'alimens*

(1) I Cor. VII, 9.

que Dieu a créés, afin que les fidèles et ceux qui connaissent la vérité en usent avec action de grâces, etc.... (1) Si vos ecclésiastiques étaient, comme les nôtres, des pères de famille, ils pourraient élever leurs enfans dans la crainte du Seigneur, et se rendre utiles à leur troupeau en leur donnant à la fois, sur les devoirs domestiques, et la leçon et l'exemple.

9.º Le passage que j'ai cité dans l'article précédent ne condamne-t-il pas un autre commandement de votre église, relatif au maigre? *Mangez de tout ce qui se vend à la boucherie,* nous dit encore saint Paul (2). « *Ce n'est pas ce qui entre dans la bouche* » *de l'homme,* dit le Sauveur, *qui le souille; mais ce qui en sort* (3). Voilà ce que dit l'Ecriture-Sainte, voilà ce que confirme le bon sens. Car jamais vous ne convaincrez un homme raisonnable, qu'on se mortifie davantage devant le Seigneur en mangeant quelque peu de viande, plutôt qu'en faisant en maigre un somptueux repas. Et si manger de la viande est un crime, pourquoi l'argent payé à l'église, efface-t-il cette forfaiture? Une semblable pratique ne rend-elle pas au moins bien suspecte une institution d'ailleurs si fortement combattue par les Apôtres?

10.º Vous avez un purgatoire, et l'Ecriture-Sainte n'en fait aucune mention; cependant un dogme si important, s'il avait quelque réalité, ne devait pas être passé sous silence. Saint Paul nous dit au contraire : *Le*

(1) I Tim. IV, 1, 2, 3. (3) Matth. IX, 11.
(2) I Cor. X, 25.

Christ peut sauver parfaitement ceux qui s'approchent de Dieu par lui, étant toujours vivant, afin d'intercéder pour eux (1). Je vois dans S. Luc que Jésus répondit au brigand : *Je vous dis en vérité que vous serez aujourd'hui avec moi en paradis* (2). Je lis dans l'Apocalypse : *Heureux dès à présent ceux qui meurent au Seigneur* (3)!

Il est vrai, au reste, qu'au temps où les Apôtres écrivaient ces vérités, on ne disait point de messes à prix d'argent pour tirer les ames du purgatoire.

11.° Vous prétendez, en communiant, boire effectivement le sang du Sauveur, et manger réellement sa chair. De bonne foi le croyez-vous? Vous êtes bien le maître de renoncer à l'usage de votre raison, à celui de vos sens, en forçant l'interprétation de ce passage : *Ceci est mon corps.* Quoi! J. C., à l'instant où il institua la sainte Cène, se serait donc tout à la fois tenu de ses propres mains, mangé et bu soi-même, et fait manger encore à ses douze Apôtres?..... Il est au ciel, et il serait à la fois corporellement, à la volonté de chaque prêtre, dans des millions de lieux différens, *bu*, mangé, et reproduit simultanément, et cela dans quel but? Car plus un moyen est extraordinaire, plus il faut qu'il y ait nécessité urgente de l'employer. Or, le pain et le vin, reçus par le communiant, comme symbole du corps et du sang du Sauveur, ne remplissent-ils pas le but de la cérémonie, qui est de nous rappeler le sacrifice de Jésus?

(1) Heb. VII, 25.   (3) XIV, 13.
(2) XXIII, 43.

Pourquoi donc, quand on obtient l'effet désiré par un moyen simple et naturel, vouloir un miracle qui implique contradiction dans un cas où il est absolument inutile?

En voyant le portrait d'un ami, s'il est très-ressemblant, je m'écrie: *Le voilà, c'est bien lui.* Chaque jour, à toute heure, on emploie des expressions figurées. S'avise-t-on jamais de les prendre à la lettre? Par exemple, on dit d'une personne douce, c'est *un ange;* d'un endroit agréable, c'est *un paradis;* d'une société de gens querelleurs, c'est *un enfer.* Qui prend à la lettre les mots *ange, paradis* et *enfer?* J. C. lui-même n'a-t-il pas souvent employé des expressions figurées? Ne disait-il pas: *Je suis le vrai cep, et mon Père est le vigneron?* Les Apôtres n'étaient - ils pas accoutumés à entendre dire, en célébrant la Pâque: *C'est ici le pain d'affliction que nos pères ont mangé en Egypte?* Et J. C., remplissant les fonctions du père de famille, qui chez les juifs prononçait ces paroles, se sert de la même expression figurée, expression qui, pour des juifs tels que l'étaient les Apôtres, ne prêtait à aucune amphibologie, et ne faisait pas naître dans leur esprit le sens absurde que vous lui prêtez.

En disant à ses disciples: *Faites ceci en mémoire de moi,* J. C. n'annonçait-il pas qu'il fallait célébrer cette fête en son absence? et lui-même n'appelle-t-il pas *fruit de la vigne* le vin qu'il venait de leur donner à boire? Et ne disait-il pas à ses Apôtres, sur ce sujet: *Les paroles que je vous dis sont esprit et vie* (1)? Mais quand il n'y aurait pas tant d'argumens

(1) Jean, c. VI, v. 63.

invincibles contre votre dogme de la transubstantiation, je m'en tiendrais pour le rejeter à cette déclara-
tion des Actes : *Il faut qu'il demeure au ciel jusqu'au
rétablissement de toutes choses* (1). Comment concilier
ensuite cet état de gloire dont l'Ecriture nous dit
que Jésus jouit dans le ciel, avec l'état d'abaissement
où est, selon vous, le Sauveur, quand il s'offre comme
victime dans le sacrifice de la messe? Et, outre que
l'idée de sacrifice emporte celle d'effusion de sang,
selon ce que dit saint Paul : *Pourquoi faut-il que Jésus
renouvelle son sacrifice?* n'est-ce pas contester en
quelque sorte sa divine efficace? Et, dans le même
chapitre, l'Apôtre ne déclare-t-il pas que nos péchés
nous étant pardonnés par la mort de J. C., il n'est
pas nécessaire qu'il fasse une nouvelle oblation.

12.° Vous retranchez la coupe au peuple, mais en
avez-vous le droit? J. C. n'a-t-il pas dit expressément : *Buvez-en tous?* et saint Paul n'écrivait-il pas
aux Corinthiens : *Que chacun s'éprouve soi-même,
et qu'ainsi il mange de ce pain et boive de cette
coupe.* Pourquoi, après avoir communié jusqu'au
13.me siècle sous les deux espèces, avez-vous intro-
duit un usage contraire à l'institution du Sauveur et
à la pratique de l'ancienne église? Le retranchement
de la coupe me paraît d'autant plus mal vu, que le
vin me représente très-bien le sang de Jésus répandu
pour nos péchés.

13.° Que signifie, dites-moi, cette absolution que

(1) Actes III, v. 21.

le prêtre se permet de donner dans votre église à celui qui vient confesser ses péchés à son oreille et se soumettre aux pénitences qu'il lui inflige, et qui sont quelquefois des plus puériles? Vous vous appuyez sur ces paroles du Sauveur : *Tout ce que vous délierez sur la terre sera délié dans le ciel* (1). Mais il dit aussi à ses apôtres : *Faites des miracles en mon nom.* Or le pouvoir de pardonner et d'absoudre appartient à la classe des miracles, puisqu'il faut connaître le fond du cœur de l'homme, ce qui ne peut être que du ressort de la divinité, ou de celui à qui la divinité a donné un pouvoir surnaturel, démontré par des actes au-dessus de la puissance humaine. Ainsi donc, ne faisant pas de miracles, rien ne prouve que notre Seigneur vous ait conservé le droit d'absolution , qui, vous ne l'ignorez pas, a conduit et conduit encore aux plus grands désordres.

Dieu seul, qui lit dans notre cœur, peut juger de notre foi, de la sincérité de notre repentance et des bonnes dispositions qui nous animent. *C'est moi*, dit l'Eternel, *qui efface les forfaits...... Dieu est le seul législateur qui peut sauver et qui peut perdre.*

14.° A quoi servent ensuite ces cinq sacremens que vous ajoutez gratuitement aux deux seuls qu'a établis J. C., dans son église.... et que vous admettez avec nous?

Ont-ils été institués dans le 1.ᵉʳ siècle? Ont-ils les qualités qui doivent caractériser tout sacrement? Peuvent-ils être considérés comme des signes des

(1) Matth. XVIII, v. 18.

grâces que Dieu nous accorde par J. C.? Voit-on dans chacun d'eux un signe et une chose signifiée? Sont-ils communs à tous les fidèles? Pourquoi faire par exemple *un* sacrement de la pénitence ou de la repentance, quand ce n'est qu'un devoir? Pourquoi qualifier le mariage de sacrement, quand il est commun aux infidèles comme aux chrétiens, et que vous l'interdisez à une classe nombreuse de vos frères?

15.° Et que vous dirais-je de ces vœux divers qu'on arrache à une multitude de gens, dans un âge où souvent leur résolution n'est pas bien éclairée, et à la faveur desquels on remplit les couvens en dépeuplant la société? A quoi bon confiner, dans la solitude d'un cloître, des êtres faits pour goûter les douceurs de l'union conjugale, de la fraternité, et pour remplir les devoirs du citoyen? Que signifie ce vœu de pauvreté fait par des hommes assurés de ne manquer jamais de rien, et qui souvent mènent au sein de l'oisiveté une vie molle et voluptueuse? Je ne finirais pas, si, comparant vos articles de foi et vos pratiques avec l'Ecriture-Sainte, je voulais vous montrer combien votre communion s'est écartée de la *doctrine évangélique ;* vous l'avez tellement changée, mutilée et dénaturée, qu'on peut avec vérité vous appliquer ce passage de saint Matthieu : *Vous anéantissez le commandement de Dieu par votre tradition.*

Oui, mon cher Monsieur, plus j'examine la Religion romaine, plus je m'attache à la Religion protestante ; le livre même que vous m'avez envoyé, quoiqu'il renferme des choses intéressantes, me fournit des motifs de m'affermir dans l'opinion où je suis, que l'Ecriture-Sainte doit être la seule règle de notre foi et de nos mœurs, tellement qu'il est impossible de ne pas vous appliquer ce passage de saint Paul aux Galates : *Si quelqu'un vous annonce un autre Evangile, différent de celui que nous avons annoncé, fût-ce nous-mêmes, ou un Ange descendu du ciel, qu'il soit anathême.*

Et vous voudriez ensuite me persuader qu'il n'y a point de salut hors de votre Eglise !....... J'en ai déjà assez dit pour l'évidence de la bonté de notre cause ; cependant, cette exclusion que vous donnez à tout ce qui n'est pas catholique romain, mérite quelques observations.

La première qui me frappe est celle-ci. Il est certain qu'après avoir chargé la Religion de tant de choses qu'elle réprouve, les auteurs de ces changemens ont dû, afin de les cacher, faire tout ce qui dépendait d'eux pour accréditer ce *dogme* que je réfute ; car son adoption a autorisé l'inquisition, une puissance temporelle, et tous les moyens de persécution qu'on n'a pas frémi d'employer pour enrichir l'Eglise, et nourrir l'orgueil et les passions de vos archevêques, de vos cardinaux et de vos papes, et soumettre la puissance civile au despotisme pontifical. Dès-lors il fallait, pour soutenir ce monstrueux édifice si opposé aux principes de cette Religion qui en était le prétexte, il fallait bien que la lecture de l'Ecriture-Sainte fût interdite au peuple, qui aurait vu trop clairement où on le menait ; il convenait que l'on déclarât hors de l'Eglise et damnés, ceux qui auraient été tentés de rejeter de pareilles prétentions. Il convenait que l'on déclarât les Conciles, le Pape et l'Eglise infaillibles; il convenait de faire des articles de foi de toutes ces inventions humaines que l'Esprit divin avait prévues, puisqu'il les a clairement et si fortement combattues.

Et ce qui décèle encore dans tout cela l'industrie intéressée des hommes et l'extrême faillibilité (si j'ose employer ce terme) de votre Eglise, c'est l'opposition où se sont trouvés vos Conciles et vos Papes prétendus infaillibles.

Quand il y avait deux ou trois Papes à la fois, quel était le véritable ? Quand des Conciles simultanés étaient en guerre ouverte, lequel avait raison ? où était l'Eglise vraiment Apostolique ? Direz-vous que ce fut celle qui a triomphé ? n'est-ce pas soutenir une prétention aussi absurde que celle reçue autrefois, que le vainqueur dans un duel judiciaire était déclaré innocent par Dieu même. D'ailleurs, si le plus ou moins grand nombre de sectateurs d'une religion était la preuve de sa Divinité, hélas ! la véritable serait peut-être celle des Musulmans, des Bramines, ou de tant de peuples qui ignorent jusqu'au nom de Jésus-Christ. Et c'est en vain que vous emploierez ce passage de Jésus, où il dit de l'Eglise: *Que les portes de l'enfer ne prévaudront point contre elle* ; car, n'est-ce pas une erreur extraordinaire que de vouloir qu'il faille entendre ce passage de l'Eglise romaine seulement, tandis qu'en suivant l'esprit de l'Ecriture, il est évident que Jésus-Christ parlait de la Religion chrétienne en général, qui ne saurait être anéantie malgré les divisions de ses sectateurs, l'alliage impur de leurs fausses doctrines, ou les attaques du vice et de l'incrédulité ? Selon nous, en nous fondant sur l'Evangile de Christ, l'Eglise, dans ces paroles, est prise dans le sens le plus étendu ; c'est le corps de tous ceux qui croient en Jésus-Christ, et qui attendent leur salut, non point de telle ou telle pratique, non point de vertus pratiquées par tel ou tel personnage, mais seulement du sacrifice de Jésus-Christ, et de ses immenses miséricordes envers les hommes. Dès-lors je ne vois dans cette maxime, *hors de l'Eglise point de salut*, qu'un épouvantail pour des esprits faibles et des gens qui croient sur paroles, et qui, loin d'avoir aucun principe basé sur l'Ecriture-Sainte, n'ont que des idées fausses de la Divinité et de ses attributs.

Quoi ! Monsieur, ce Dieu qui, lorsque Moïse lui demanda de lui montrer sa gloire, fit passer sa bonté devant lui ; ce Dieu, dis-je, pourrait me priver du bonheur éternel, lors même que je crois en lui, et que je crois à l'efficacité du sacrifice de son fils pour ceux qui mettent en lui leur confiance ; et, parce que je n'adopte pas votre opinion sur le purgatoire, la transubstantiation, et tant d'autres choses qui me paraissent contraires à l'Evangile, je serais chassé du séjour des bienheureux loin de la présence de Dieu ! Ces objets de controverses ne roulent pas sur l'essence du Christianisme, et vous leur attribueriez plus d'efficacité qu'à la foi au Sauveur ; tellement que dans votre communion un scélérat couvert de crimes se rachète de l'enfer s'il a de quoi payer des indulgences. Ah ! Monsieur , vous avez de la raison , et vous ne verriez pas où conduit un semblable principe ; vous ne verriez pas qu'il détruit l'efficacité du sacrifice de Jésus , qu'il réduit à rien la vertu , et qu'il fait à la Divinité le plus sanglant outrage , puisque le Dieu de bonté punirait les sauvages , les Indiens , les Musulmans de n'avoir pas adopté une loi qu'il ne leur aurait pas fait connaître? Il nous punirait aussi , quelle que fût d'ailleurs notre piété , parce qu'il ne nous aurait pas fait naître membres de votre Eglise , ou ne nous aurait laissé l'usage de notre raison que pour , après avoir connu vos principes , les rejeter ! une telle supposition n'est-elle pas un blasphème ? Or, Monsieur, loin que la parole de Dieu présente une semblable maxime , elle en offre de tout-à-fait opposées. N'y est-il pas dit : *Qu'est-ce que la Loi a de plus important ? c'est la justice , la miséricorde et la fidélité.* (Matth. XXIII , 2. 3.)

Voyez Rom. II. 12. : *Tous ceux qui auront péché sans avoir eu la loi , périront aussi sans être jugés par la loi.* Rien de plus précis. Voyez encore Galat. V. 6. : *En Jésus-Christ , ce qui sert , c'est la foi qui est agissante par la charité.*

Tels sont , Monsieur , les principes sur lesquels repose ma croyance ; c'est à ces sublimes préceptes que je vous ai cités , préceptes très-clairs et qui n'ont besoin , pour être saisis , ni de l'explication de l'Eglise , ni d'un génie supérieur , ni d'une étude approfondie ; c'est à ces préceptes , dis-je , qui ne demandent qu'un cœur docile et bon , que je reconnais une doctrine toute divine et la nécessité de la mettre en pratique. Mais votre maxime : « hors de l'Eglise point de salut », est si opposée à toutes les plus saines idées de la justice, de la raison et surtout des miséricordes divines, que si vous pouviez me prouver qu'elle découle de l'Ecriture-Sainte, toutes mes idées se trouvant confondues, je ne saurais plus quel système de religion embrasser. Vous voyez à quelle énorme distance je suis de vos principes, et l'inutilité de vos efforts pour me les faire adopter.

Si j'ai défendu ma croyance avec quelque feu, c'est à cause de la conviction profonde que j'ai de la pureté de mes principes ; du reste, je peux vous assurer que j'ai entrepris cette défense sans aigreur, et surtout sans intention de vous blesser le moins du monde.

Aussi, tout en vous avertissant qu'il serait inutile de m'entreprendre encore sur cet article, je n'en serai pas moins empressé à vous prouver que, comme disciple de Jésus-Christ, sa charité m'animera toujours à votre égard ; et l'estime que j'ai pour vous me persuade que, si vous voulez examiner de nouveau les objets dont nous nous sommes entretenus, sans esprit de secte et sans partialité, et en vous fondant uniquement sur la parole du Seigneur, vous finirez par adopter ma croyance et par rejeter des erreurs indignes de vos connaissances et de votre sincérité.

J'ai l'honneur, etc.

IMPRIMERIE DE J. M. BOURSY, A LYON.

Anonyme
Lettre d'un protestant à un catholique